À toi! 1A

Grammatikheft

À toi! 1A

Grammatikheft für den Französischunterricht

Im Auftrag des Verlages erarbeitet von:
Gertraud Gregor

und der Redaktion Französisch
Jana Silckerodt

Umschlaggestaltung und Layoutkonzept: werkstatt für gebrauchsgrafik, Berlin
Layout und technische Umsetzung: Rotraud Biem, Berlin
Illustrationen: Laurent Lalo
Umschlagfoto: © Getty Images / Westend61/RF (Vordergrund); Getty Images / Paul Trummer (Hintergrund)

www.cornelsen.de

1. Auflage, 6. Druck 2024

Alle Drucke dieser Auflage sind inhaltlich unverändert
und können im Unterricht nebeneinander verwendet werden.

Druck: Athesiadruck GmbH, Bozen

ISBN 978-3-06-022428-9

PEFC-zertifiziert
Dieses Produkt
stammt aus
nachhaltig
bewirtschafteten
Wäldern und
kontrollierten Quellen
PEFC/18-31-166   www.pefc.de

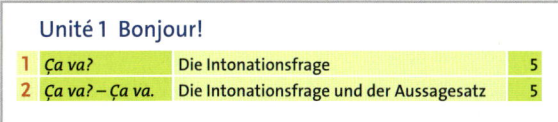

Salut! Ich heiße Francis und werde dich durch dein Grammatikheft begleiten.
Hier findest du den gesamten Grammatikstoff von *À toi!* 1A.

Wenn du wissen willst, wo du Erklärungen zu einem bestimmten grammatischen Thema finden kannst, schaust du im Inhaltsverzeichnis auf Seite 4 nach.

---

un croissant   **une** boulangerie
ein Croissant   eine Bäckerei

Die französischen unbestimmten Artikel im Singular heißen **un** und **une**.
Un ist der unbestimmte Artikel für männliche Nomen.
Une ist der unbestimmte Artikel für weibliche Nomen.

Bei jedem neuen grammatischen Thema findest du zuerst Beispiele und darunter die Erklärung.

!   bedeutet, dass etwas besonders auffällig ist, anders als im Deutschen oder eine Ausnahme.

Unbestimmter Artikel (Singular):
un = vor männlichen Nomen
une = vor weiblichen Nomen

Auf den orangefarbenen Merkzetteln findest du die Regeln ganz kurz zusammengefasst.

Infinitiv = Grundform des Verbs (z. B. *wohnen/habiter*)

Auf den kleinen gelben Stickern findest du die Erläuterung der grammatischen Begriffe, die in den Erklärungen verwendet werden.

Das sind meine Freunde Emma und Farid. Sie geben dir Lerntipps.

HAST DU DAS VERSTANDEN?   ▶ Lösungen, S. 23

Setze den unbestimmten Artikel *un*, *une*, *des* ein.

1. **?** *quartier*	4. **?** *hôtel*	7. **?** *avenues*
2. **?** *librairie*	5. **?** *rue*	8. **?** *croissants*
3. **?** *boulangeries*	6. **?** *cinéma*	9. **?** *sœur*

In den grünen Kästen gibt es Übungen zu den neuen Grammatikthemen. Hier kannst du überprüfen, ob du alles verstanden hast. Auf der Seite 23 findest du die Lösungen.

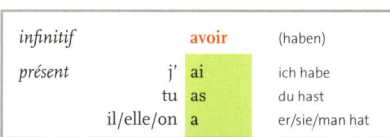

infinitif		**avoir**	(haben)
présent	j'	ai	ich habe
	tu	as	du hast
	il/elle/on	a	er/sie/man hat

Auf der Seite 22 deines Grammatikheftes findest du eine Liste der Verben, die du in *À toi!* 1A lernst.

Viel Erfolg beim Lernen!

Inhaltsverzeichnis

Unité 1 Bonjour!

Unité 2 C'est la rentrée

Unité 3 Un quartier de Levallois

Unité 4 Ma famille et moi

Unité 5 Chez les Fournier

Annexe

Bonjour!

1   *Ça va?* | Die Intonationsfrage

Wenn du eine Frage stellst, hebst du deine Stimme am Ende der Frage an:

Ça va?   Et toi?

Fragen, die mit ansteigender Satzmelodie gestellt werden, nennt man **Intonationsfragen**.

Intonation = Satzmelodie

2   *Ça va? – Ça va.* | Die Intonationsfrage und der Aussagesatz

| Ça va? | Ça va. | Et toi? | Super! |

Fragesatz   Aussagesatz

Ça va?   Ça va.
Et toi?   Super!

Fragesätze sprichst du mit ansteigender Satzmelodie, Aussagesätze mit fallender Satzmelodie.

Ansteigende Satzmelodie: Fragesatz
Fallende Satzmelodie: Aussagesatz

Die Frage steigt, die Antwort fällt.

FRAGESATZ   AUSSAGESATZ

C'est la rentrée

1 *je suis, tu es, il est ...* | Das unregelmäßige Verb *être*

DAS WEISST DU

			sein
Singular	1. Person	ich	bin
	2. Person	du	bist
	3. Person	er/sie/es	ist
Plural	1. Person	wir	sind
	2. Person	ihr	seid
	3. Person	sie	sind

Verben (Tätigkeitswörter) konjugierst du. Das heißt, du passt sie der Person an, bei der sie stehen: ~~ich sein~~ → *ich bin*

> *konjugieren* = das Verb an die Person anpassen *(sein → ich bin)*

))))) DAS IST NEU

Auch französische Verben konjugierst du:

être (sein)

Je	**suis**	dans la classe de Maxime.	1. Person Singular
Tu	**es**	en cinquième?	2. Person Singular
Il	**est**	dans la classe de Thomas.	3. Person Singular
Elle	**est**	dans la classe de Marie.	
Nous	**sommes**	en cinquième B.	1. Person Plural
Vous	**êtes**	la surveillante?	2. Person Plural
Ils	**sont**	dans la classe de Maxime.	3. Person Plural
Elles	**sont**	en sixième A.	

> Das Verb *être* wirst du häufig benötigen. So wie *sein* im Deutschen oder *to be* im Englischen.

2 *je, tu, il, elle ...* | Die Personalpronomen

Singular	1. Person	je	ich
	2. Person	tu	du
	3. Person	il	er
		elle	sie
Plural	1. Person	nous	wir
	2. Person	vous	ihr
	3. Person	ils	sie
		elles	sie

Die Personalpronomen *je, tu, il, elle, nous, vous, ils, elles* ersetzen
Personen oder Sachen. Sie stehen immer vor einem Verb.
Das sächliche *es* gibt es im Französischen nicht.

Personalpronomen =
persönliche Fürwörter
(ich, du, er/sie/es, wir, ihr, sie)

Je, tu, il, elle, nous, vous, ils, elles –
das ist ganz leicht, das lernst du schnell!

Das Personalpronomen *vous*

Vous êtes
en sixième?

Seid **ihr** in der *sixième*?

Vous steht im Französischen für *ihr*
(mehrere Personen, die du duzt).

Vous êtes la prof
de français?

Sind **Sie** die Französischlehrerin?

Vous steht auch für *Sie*
(eine oder mehrere Personen, die du siezt).

vous = ihr   *vous* = Sie   *vous* = Sie
(eine Person)   (mehrere Personen)

Die Personalpronomen *ils* und *elles*

Ils sont en cinquième B.

Sie sind in der *cinquième* B.

Elles sont en sixième A.

Sie sind in der *sixième* A.

Ils sont en cinquième B.

Sie sind in der *cinquième* B.

Anders als im Deutschen unterscheidest du im Französischen auch in der 3. Person Plural,
ob du über männliche oder weibliche Personen oder Sachen sprichst:

Elles steht für weibliche Personen oder Sachen.

Ils steht für männliche Personen oder Sachen und auch für gemischte Gruppen.

> *ils* = männlich
> *elles* = weiblich
> *ils* = männlich und weiblich

HAST DU DAS VERSTANDEN?

▸ Lösungen, S. 23

Ergänze die folgenden Sätze mit der richtigen Form von *être* oder mit
dem passenden Personalpronomen.

1. *Je* ? *dans la classe de Laurine.*
2. *Tu* ? *en sixième?*
3. ? *est dans la cour?*
4. *Elle* ? *en cinquième?*
5. ? *sommes en sixième A.*
6. *Vous* ? *la surveillante?*
7. *Ils* ? *dans la classe d'Anissa.*
8. ? *sont dans la cour.*

---

3 *le, la, l'* | Der bestimmte Artikel und das Nomen im Singular

DAS WEISST DU

Den bestimmten Artikel kennst du aus dem Deutschen:

der Bruder   **die** Schwester   **das** Buch

> *bestimmter Artikel* = bestimmtes
> Geschlechtswort *(der, die, das)*
> *Singular* = Einzahl

männlich	weiblich
le frère	**la** sœur
le garçon	**la** fille

Die französischen bestimmten Artikel im Singular heißen **le** und **la**.
Le ist der Artikel für männliche Nomen.
La ist der Artikel für weibliche Nomen.
Im Französischen gibt es nur männliche und weibliche Nomen.
Sächliche Nomen wie im Deutschen (z. B. **das** Buch) gibt es nicht.

Nomen = Hauptwort
(z. B. *Lehrer/prof*)

Bestimmter Artikel (Singular):
le = vor männlichen Nomen
la = vor weiblichen Nomen

Le und *la* werden zu *l'* vor Nomen, die mit einem Vokal anfangen.

Vokal = Selbstlaut *(a, e, i, o, u)*

le und *la* vor Vokalen → *l'*

! Das Geschlecht deutscher und französischer Nomen stimmt meist nicht überein:

le bonbon – **das** Bonbon
le chocolat – **die** Schokolade
la photo – **das** Foto

! Schreibe französische
Nomen mit dem bestimmten Artikel
blau (männlich) und
rot (weiblich) auf.

le garçon – der Junge
le collège – das Collège
la fille – das Mädchen
la cour – der Schulhof

4 *les* | Der bestimmte Artikel und das Nomen im Plural

DAS WEISST DU SCHON

Den bestimmten Artikel und das Nomen im Singular kennst du schon:

le frère	la sœur
der Bruder	die Schwester
l'ami	l'amie
der Freund	die Freundin
l'élève	l'élève
der Schüler	die Schülerin

))))) **DAS IST NEU**

Jetzt lernst du den bestimmten Artikel und das Nomen im Plural kennen:

> *Plural* = Mehrzahl

Singular	Plural	Singular	Plural
le frère	**les** frères	la sœur	**les** sœurs
der Bruder	die Brüder	die Schwester	die Schwestern
le prof	**les** profs	la classe	**les** classes
der Lehrer	die Lehrer	die Klasse	die Klassen

Männliche und weibliche Nomen haben im Plural denselben Artikel. Der Artikel ist **les**.
Im Plural hat das Nomen meist ein **-s** am Ende.

> Im Englischen hängt man im Plural auch ein **-s** an das Nomen: **the girls**.

> Aber im Französischen wird das **-s** nicht ausgesprochen: **la fille** [lafij] – **les filles** [lefij].

Singular	Plural	Singular	Plural
le garçon	**les** garçons	**la** fille	**les** filles
der Junge	die Jungen	das Mädchen	die Mädchen
l'ami	**les**‿amis [lezami]	l'amie	**les**‿amies [lezami]
der Freund	die Freunde	die Freundin	die Freundinnen
l'élève	**les**‿élèves [lezelɛv]	l'élève	**les**‿élèves [lezelɛv]
der Schüler	die Schüler	die Schülerin	die Schülerinnen

[zzzz]

> Vor einem Vokal sprichst du das **-s** von **les** als summendes **-s**.

5 *Je suis en sixième.* | Die Stellung der Satzteile im Aussagesatz

Subjekt	Verb	Ergänzung
Je	suis	en sixième.
Maxime	est	le frère de Laurine.
Ils	sont	dans la classe d'Anissa.

Die normale Stellung der Satzteile in einem französischen Aussagesatz ist:
Subjekt + Verb + Ergänzung.

Aussagesatz:
Subjekt + Verb + Ergänzung

Diese Regel kennst du
aus dem Englischen: S-V-O
(subject – verb – object).

Un quartier de Levallois

1   *un, une* | Der unbestimmte Artikel im Singular

DAS WEISST DU

Den unbestimmten Artikel kennst du aus dem Deutschen:

ein Kino   **eine** Bäckerei

unbestimmter Artikel = unbestimmtes Geschlechtswort *(ein, eine)*

))))) DAS IST NEU

un croissant   **une** boulangerie
ein Croissant   eine Bäckerei

Die französischen unbestimmten Artikel im Singular heißen **un** und **une**.
Un ist der unbestimmte Artikel für männliche Nomen.
Une ist der unbestimmte Artikel für weibliche Nomen.

Singular = Einzahl

Unbestimmter Artikel (Singular):
un = vor männlichen Nomen
une = vor weiblichen Nomen

2   *des* | Der unbestimmte Artikel im Plural

DAS WEISST DU

Im Deutschen gibt es keinen unbestimmten Artikel im Plural:

ein Junge   ■ Jungen
eine Lehrerin   ■ Lehrerinnen

Plural = Mehrzahl

))))) DAS IST NEU

un croissant   **des** croissants   **une** boulangerie   **des** boulangeries
ein Croissant   ■ Croissants   eine Bäckerei   ■ Bäckereien

Im Französischen gibt es einen unbestimmten Artikel im Plural: **des**.
Des steht vor männlichen und weiblichen Nomen.

Unbestimmter Artikel (Plural):
des = vor männlichen und weiblichen Nomen

des garçons	des filles	Das **-s** von **des** sprichst du vor einem Konsonanten nicht aus.
des‿amis	des‿hôtels	Vor einem Vokal oder einem stummen **h** sprichst du das **-s** von **des** summend aus und bindest den folgenden Vokal.

HAST DU DAS VERSTANDEN?   ▶ Lösungen, S. 23

Setze den unbestimmten Artikel **un**, **une**, **des** ein.

1. [?] *quartier*
2. [?] *librairie*
3. [?] *boulangeries*
4. [?] *hôtel*
5. [?] *rue*
6. [?] *cinéma*
7. [?] *avenues*
8. [?] *croissants*
9. [?] *sœur*

✓

3   *on* | Das Personalpronomen *on*

DAS WEISST DU SCHON

Du kennst schon die Personalpronomen *je, tu, il, elle, nous, vous, ils, elles*.

〉〉〉〉 **DAS IST NEU**

On passe par la boulangerie?

Gehen **wir** bei der Bäckerei vorbei?

Im gesprochenen Französisch wird statt **nous** *(wir)* oft **on** verwendet.
On bedeutet **man** oder **wir**.
Nach **on** steht ein Verb in der 3. Person Singular (wie nach *il* oder *elle*).

4   *regarder, habiter ...* | Die regelmäßigen Verben auf *-er*

Die meisten französischen Verben enden im Infinitiv auf **-er**,
z. B. *regarder*.

Diese Verben heißen die **regelmäßigen** Verben auf **-er**, weil sie alle gleich konjugiert werden.

Infinitiv = Grundform des Verbs (z. B. *wohnen/habiter*)

konjugieren = das Verb an die Person anpassen
(wohnen → ich wohne)

	regarder (anschauen)		**habiter** (wohnen)
je	regard**e**	j'_	habit**e**
tu	regard**es**	tu	habit**es**
il/elle/on	regard**e**	il/elle/on	habit**e**
nous	regard**ons**	nous_	habit**ons**
vous	regard**ez**	vous_	habit**ez**
ils/elles	regard**ent**	ils/elles_	habit**ent**

-e, -es, -e, -ons, -ez, -ent
Wenn du diese sechs Endungen kennst, kannst du alle Verben auf *-er* konjugieren.

Ein Infinitiv besteht aus einem Verbstamm und einer Endung. Der Verbstamm bleibt in allen Formen gleich. An den Verbstamm hängst du die passende Endung für die Person an.

je	
tu	
il/elle/on	[regard]
ils/elles	

❗ Die Endungen für die 1., 2. und 3. Person Singular und die Endung der 3. Person Plural werden geschrieben, aber nicht ausgesprochen.

HAST DU DAS VERSTANDEN? ▶ Lösungen, S. 23

Ergänze die Sätze mit der passenden Verbform.

1. *Robin* ? *(chercher) un club de foot.*
2. *– Qu'est-ce que tu* ? *(chercher)? – Le navigo.*
3. *Maxime et Laurine* ? *(rentrer) à pied.*
4. *Ils* ? *(passer) par la boulangerie.*
5. *Vous* ? *(habiter) à côté?*
6. *Et toi, tu* ? *(habiter) où?*
7. *J'* ? *(habiter) 8, avenue Georges Pompidou.*
8. *Après le collège, on* ? *(rentrer) ensemble.*

5 *j'habite, l'hôtel, l'ami, d'Océane …* | Der Apostroph

DAS WEISST DU SCHON

l'ami   l'amie

Die bestimmten Artikel *le* und *la* werden zu *l'* vor Nomen, die mit einem Vokal beginnen.

Apostroph = '
(Auslassungszeichen)

))))) **DAS IST NEU**

~~le hôtel~~ → l'hôtel

Die Artikel *le* und *la* werden auch vor Nomen, die mit einem stummen *h* beginnen, verkürzt.

> Am *l'* erkennst du nicht, ob ein Nomen männlich oder weiblich ist. Lerne Nomen deshalb immer mit dem unbestimmten Artikel *(un, une)*.

un hôtel – ein Hotel

Auch andere Wörter verkürzt du vor Vokal und stummem *h*:

je → **j'**habite
de → le frère **d'**Océane

6 *Qu'est-ce que …?* | Die Frage mit *qu'est-ce que*

Qu'est-ce qu'il y a à Levallois?
Was gibt es in Levallois?

Qu'est-ce que tu cherches?
Was suchst du?

Mit **Qu'est-ce que …?** fragst du nach Sachen.

> Qu'est-ce que tu cherches?

1 *mon, ton, son …* | Die Possessivbegleiter im Singular

DAS WEISST DU SCHON

Das ist **mein** Hund. Das ist **meine** Katze. Das sind **meine** Meerschweinchen.

Mit Possessivbegleitern gibst du an, wem etwas gehört.
Deutsche Possessivbegleiter werden verändert: Du passt sie in Geschlecht und Zahl dem Nomen an, vor dem sie stehen *(mein Bruder, meine Freunde)*.

> **Possessivbegleiter** = besitzanzeigender Begleiter *(mein, dein, sein …)*

〉〉〉〉 DAS IST NEU

männlich	weiblich	vor Vokal	Plural
mon père	ma mère	mon ami mon amie	mes amis mes amies
ton père	ta mère	ton ami ton amie	tes amis tes amies
son père	sa mère	son ami son amie	ses amis ses amies

Die französischen Possessivbegleiter sind in Geschlecht und Zahl veränderlich. Sie richten sich immer nach dem Nomen, vor dem sie stehen:
Vor männlichen Nomen im Singular steht *mon, ton, son*.
Vor weiblichen Nomen im Singular steht *ma, ta, sa*.
Vor allen Nomen im Singular, die mit Vokal oder stummem *h* beginnen, steht *mon, ton, son*.
Vor allen Nomen im Plural steht *mes, tes, ses*.

son père – **sein** Vater

sa mère – **seine** Mutter

ses copains – **seine** Freunde

son père – **ihr** Vater

sa mère – **ihre** Mutter

ses copains – **ihre** Freunde

Französische Possessivbegleiter richten sich nur nach dem Nomen, vor dem sie stehen. Im Französischen ist es egal, ob es der Vater eines Mädchens *(ihr Vater)* oder eines Jungen *(sein Vater)* ist. Es heißt immer: *son père*.

> *mon, ton, son* = vor männlichen Nomen
> *ma, ta, sa* = vor weiblichen Nomen
> *mon, ton, son* = vor Nomen mit Vokal oder stummem *h*
> *mes, tes, ses* = vor Nomen im Plural

HAST DU DAS VERSTANDEN?

▶ Lösungen, S. 23

1. Setze *mon, ma* oder *mes* ein.
   a. *C'est* **?** *chien.*
   b. *Ce sont* **?** *cousins.*
   c. *C'est* **?** *sœur.*
   d. *C'est* **?** *ami.*
   e. *C'est* **?** *amie.*
   f. *Ce sont* **?** *parents.*

2. Setze *ton, ta* oder *tes* ein.
   a. *C'est* **?** *classe?*
   b. *C'est* **?** *copain?*
   c. *Ce sont* **?** *profs?*

3. Setze *son, sa* oder *ses* ein.
   a. *C'est Maxime et* **?** *père.*
   b. *C'est Maxime et* **?** *mère.*
   c. *C'est Laurine et* **?** *sœur.*
   d. *C'est Laurine et* **?** *frère.*
   e. *C'est Camille et* **?** *copines.*
   f. *C'est Théo et* **?** *copains.*

2 *j'ai, tu as, il a …* | Das unregelmäßige Verb *avoir*

avoir (haben)

J'	**ai**	treize ans.
Tu	**as**	quel âge?
Il/Elle/On	**a**	un frère.
Nous	**avons**	un chien.
Vous	**avez**	un animal?
Ils/Elles	**ont**	deux perruches.

Avoir ist ein unregelmäßiges Verb. Das bedeutet, dass es besondere Formen hat, die du bei keinem anderen Verb wiederfindest.

> Die Formen der unregelmäßigen Verben musst du auswendig lernen.

! Unterscheide die beiden Verbformen von *avoir* und *être*:

ils_ont	[ilzɔ̃]	(sie haben)		ils sont	[ilsɔ̃]	(sie sind)
elles_ont	[ɛlzɔ̃]	(sie haben)		elles sont	[ɛlsɔ̃]	(sie sind)

mit stimmhaftem **s** (wie in *Hose*)   mit stimmlosem **s** (wie in *Klasse*)

J'ai 13 ans.

Im Französischen sagt man: „*Ich **habe** 13 Jahre (auf dem Buckel)*".

HAST DU DAS VERSTANDEN?

▶ Lösungen, S. 23

1. Setze die Formen von *avoir* ein.
   a. *Ma mère* [?] *une librairie.*
   b. *Tu* [?] *un chat?*
   c. *Nous* [?] *deux chats.*
   d. *J'* [?] *un frère.*
   e. *Il* [?] *cinq sœurs.*
   f. *Vous* [?] *des animaux?*
   g. *Ils* [?] *un chien. Il s'appelle Confetti.*
   h. *On* [?] *trois perruches.*

2. Übersetze.
   a. *Ich bin dreizehn Jahre alt.*
   b. *Nicolas ist zwölf Jahre alt.*
   c. *Seine Schwestern sind vierzehn Jahre alt.*

Chez les Fournier

1   *du, de la, de l', des* | Der zusammengezogene Artikel mit der Präposition *de*

DAS WEISST DU

in das   Wohnzimmer   rechts   von dem   Schrank

ins   Wohnzimmer   rechts   vom   Schrank

Wenn eine Präposition vor einem bestimmten Artikel steht, wird sie manchmal mit dem Artikel zusammengezogen.

> *Präposition* = Verhältniswort
> *(von, in, nach, mit, auf ...)*

)))))   **DAS IST NEU**

Das ist im Französischen auch so:

de + le → du

de + les → des

Die Präposition **de** wird mit den bestimmten Artikeln **le** und **les** zusammengezogen.

L'armoire est à droite **du** bureau.	Der Schrank ist rechts vom Schreibtisch.
La console est à gauche **de la** boîte.	Die Spielkonsole ist links von der Schachtel.
Le lit est à droite **de l'** armoire.	Das Bett ist rechts vom Schrank.
Les photos sont à côté **des** livres.	Die Fotos sind neben den Büchern.

Mit den bestimmten Artikeln **la** und **l'** wird die Präposition **de** nicht zusammengezogen.

de + le → **du**
de + la → **de la**
de + l' → **de l'**
de + les → **des**

HAST DU DAS VERSTANDEN?   ▸ Lösungen, S. 23

Übersetze.

1. *neben dem Stuhl*   4. *neben den Mangas*
2. *rechts vom Schreibtisch*   5. *links vom Bett*
3. *links von der Schachtel*   6. *neben dem Schrank*

2 *Regarde. Regardons. Regardez.* | Der Imperativ

Wenn du jemanden auffordern möchtest etwas zu tun, nimmst du dafür den Imperativ des Verbs.

Imperativ = Befehlsform *(Hör zu!)*

Mit einem Imperativ kannst du:

> Range ta chambre.

Räum dein Zimmer auf!

1. **eine Person** auffordern etwas zu tun,

> Regardons dans le livre.

Lasst uns ins Buch schauen!

2. **mehrere Personen, zu denen du selbst gehörst**, auffordern etwas zu tun,

> Cherchez mes clés.

Sucht meine Schlüssel!

3. **mehrere Personen** auffordern etwas zu tun.

> Regardez, Madame Boyer.

Schauen Sie mal, Frau Boyer!

4. **eine Person, die du siezt**, auffordern etwas zu tun.

Imperativ:

Du sprichst:	Du verwendest:	
eine Person an, die du duzt.	1. Person Singular	→ *Regarde.*
dich selbst mit an.	1. Person Plural	→ *Regardons.*
mehrere Personen an.	2. Person Plural	→ *Regardez.*
eine Person an, die du siezt.	2. Person Plural	→ *Regardez.*

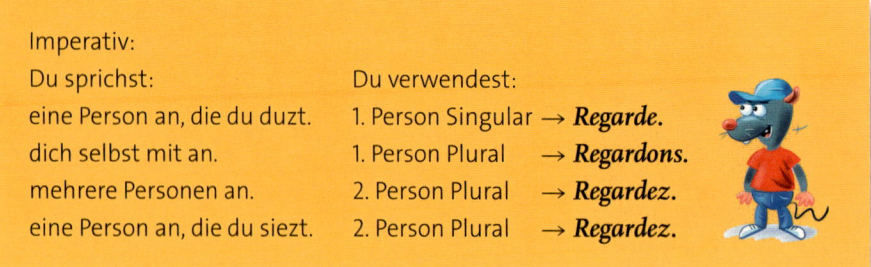

HAST DU DAS VERSTANDEN?

▶ Lösungen, S. 23

1. Fordere Paul auf, sein Zimmer aufzuräumen. *(= Räum dein Zimmer auf!)*
2. Fordere Lea und Jenny auf, Französisch zu sprechen. *(= Sprecht Französisch!)*
3. Fordere Jonas auf, seine Sporttasche zu suchen. *(= Such deine Sporttasche!)*
4. Schlage deiner Mutter vor, ihre Schlüssel mit ihr gemeinsam zu suchen.
   (= Lass uns deinen Schlüssel suchen!)

3 je mange, tu manges ... | Die Verben *manger* und *ranger*

	manger (essen)			**ranger** (aufräumen)
je	mange		je	range
tu	manges		tu	ranges
il/elle/on	mange		il/elle/on	range
nous	mang**e**ons		nous	rang**e**ons
vous	mangez		vous	rangez
ils/elles	mangent		ils/elles	rangent

Manger und *ranger* sind Verben auf **-er**, die ganz regelmäßig konjugiert werden.
Sie haben eine Besonderheit: In der 1. Person Plural schiebst du zwischen **rang-** und **-ons** ein **-e-** ein.
Sonst würde das **-g-** falsch ausgesprochen.

> *G* vor *e, i, y* sprichst du [ʒ] aus,
> *g* vor *a, o, u* sprichst du [g] aus.

> *je range, tu ranges, il range*
> aber: *nous rang**e**ons*

4 Où est ...? | Die Frage mit *où*

> Den Akzent auf dem *où*
> kannst du dir gut merken:
> Auf dem **wo**
> sitzt ein Floh!

Fragewort	Verb	Subjekt
Où	est	Maxime?
Où	sont	les photos?

Mit *où* fragst du, wo jemand oder etwas ist.
Où steht am Anfang der Frage. Dann folgt das Verb und dann das Subjekt (wie im Deutschen).

5 Qui est ...? | Die Frage mit *qui*

Fragewort	Verb	Ergänzung
Qui	est	dans la cuisine?
Qui	cherche	ses clés?

Mit *qui* fragst du nach Personen.
Qui steht am Anfang der Frage. Dann folgt das Verb und dann die Ergänzung (wie im Deutschen).

Annexe

Les verbes | Die Verben

Hier findest du die Konjugationen aller Verben, die du in *À toi!* 1A gelernt hast.

1 Les verbes auxiliaires être et avoir | Die Hilfsverben être et avoir

infinitif		**avoir**	(haben)		**être**	(sein)
présent	j'	ai	ich habe	je	suis	ich bin
	tu	as	du hast	tu	es	du bist
	il/elle/on	a	er/sie/man hat	il/elle/on	est	er/sie/man ist
	nous	avons	wir haben	nous	sommes	wir sind
	vous	avez	ihr habt / Sie haben	vous	êtes	ihr seid / Sie sind
	ils/elles	ont	sie haben	ils/elles	sont	sie sind

2 Les verbes réguliers en -er | Die regelmäßigen Verben auf -er

infinitif		**parler**	(sprechen)
présent	je	parle	ich spreche
	tu	parles	du sprichst
	il/elle/on	parle	er/sie/man spricht
	nous	parlons	wir sprechen
	vous	parlez	ihr sprecht / Sie sprechen
	ils/elles	parlent	sie sprechen

impératif   Parle. Parlons. Parlez.

Ebenso: chanter (singen), chercher (suchen), écouter (anhören/zuhören), habiter (wohnen), passer par qc (bei etw. vorbeigehen), regarder (ansehen/anschauen), rentrer (nach Hause gehen), travailler (arbeiten)

! Das folgende Verb auf -er hat eine Besonderheit in der Schreibung.

infinitif		**manger**	(essen)
présent	je	mange	ich esse
	tu	manges	du isst
	il/elle/on	mange	er/sie/man isst
	nous	mangeons	wir essen
	vous	mangez	ihr esst / Sie essen
	ils/elles	mangent	sie essen

impératif   Mange. Mangeons. Mangez.

Ebenso: ranger (aufräumen)

Solutions | Lösungen

Unité 2

S. 8

1. Je **suis** dans la classe de Laurine. 2. Tu **es** en sixième? 3. **Il/Elle** est dans la cour? 4. Elle **est** en cinquième? 5. **Nous** sommes en sixième A. 6. Vous **êtes** la surveillante? 7. Ils **sont** dans la classe d'Anissa. 8. **Ils/Elles** sont dans la cour.

S. 11/4

la classe, **le** garçon, **l'**ami, **les** sœurs, **la** fille, **le** frère, **la** cour, **les** élèves,
l'amie, **les** profs, **les** garçons, **la** surveillante, **les** frères, **la** rentrée, **les** amis

S. 11/5

1. Anissa est en cinquième. 2. Ils sont dans la classe d'Anissa. 3. Vous êtes la prof de français? 4. Elles sont dans la cour. 5. Anissa est la sœur de Mehdi.

Unité 3

S. 13

1. **un** quartier, 2. **une** librairie, 3. **des** boulangeries, 4. **un** hôtel, 5. **une** rue, 6. **un** cinéma, 7. **des** avenues, 8. **des** croissants, 9. **une** sœur

S. 14

1. Robin **cherche** un club de foot. 2. – Qu'est-ce que tu **cherches**? – Le navigo. 3. Maxime et Laurine **rentrent** à pied. 4. Ils **passent** par la boulangerie. 5. Vous **habitez** à côté? 6. Et toi, tu **habites** où? 7. J'**habite** 8, avenue Georges Pompidou. 8. Après le collège, on **rentre** ensemble.

Unité 4

S. 17

1. a. C'est **mon** chien. b. Ce sont **mes** cousins. c. C'est **ma** sœur. d. C'est **mon** ami. e. C'est **mon** amie. f. Ce sont **mes** parents.
2. a. C'est **ta** classe? b. C'est **ton** copain? c. Ce sont **tes** profs?
3. a. C'est Maxime et **son** père. b. C'est Maxime et **sa** mère. c. C'est Laurine et **sa** sœur. d. C'est Laurine et **son** frère. e. C'est Camille et **ses** copines. f. C'est Théo et **ses** copains.

S. 18

1. a. Ma mère **a** une librairie. b. Tu **as** un chat? c. Nous **avons** deux chats. d. J'**ai** un frère. e. Il **a** cinq sœurs. f. Vous **avez** des animaux? g. Ils **ont** un chien. Il s'appelle Confetti. h. On **a** trois perruches.
2. a. J'**ai** treize ans. b. Nicolas **a** douze ans. c. Ses sœurs **ont** quatorze ans.

Unité 5

S. 19

1. à côté de la chaise, 2. à droite du bureau, 3. à gauche de la boîte, 4. à côté des mangas, 5. à gauche du lit, 6. à côté de l'armoire

S. 20

1. Range ta chambre. 2. Parlez français. 3. Cherche ton sac de sport. 4. Cherchons tes clés.

Hier kannst du Notizen machen.